BAGATELLE

OPÉRA-COMIQUE EN UN ACTE

PAR

Hector CRÉMIEUX et Ernest BLUM

MUSIQUE DE

J. OFFENBACH

PARIS

CHOUDENS, ÉDITEUR | TRESSE, ÉDITEUR
RUE SAINT-HONORÉ, 265 | GALERIE DE CHARTRES, 10 et 11
(Près l'Assomption.) | Au Palais-Royal

1874
Tous droits réservés

BAGATELLE

OPÉRA-COMIQUE EN UN ACTE

Représenté pour la première fois, à Paris, sur le théâtre des
Bouffes-Parisiens, le 21 mai 1874.

Clichy. — Imp. PAUL DUPONT, rue du Bac-d'Asnières, 12. (877, 6-1.

BAGATELLE

OPÉRA-COMIQUE EN UN ACTE

PAR

Hector CRÉMIEUX et Ernest BLUM

MUSIQUE DE

J. OFFENBACH

PARIS

CHOUDENS, ÉDITEUR	TRESSE, ÉDITEUR
RUE SAINT-HONORÉ, 265	GALERIE DE CHARTRES, 10 ET 11
(Près l'Assomption.)	(Au Palais-Royal.)

1874

Tous droits réservés

PERSONNAGES

BAGATELLE. . . . . Mmes Judic.
GEORGES DE PLANTEVILLE. . . . . L. Grivot.
FINETTE. . . . . Suzanne.
PISTACHE. . . . . M. Ed. Georges.

Pour toute la musique, la mise en scène, le droit de représentation, s'adresser à M. Choudens, éditeur propriétaire pour tous pays; rue Saint-Honoré, 265, près l'Assomption, Paris.

BAGATELLE

Un petit boudoir très-élégant; porte d'entrée à droite, au fond; face au public, une fenêtre praticable avec balcon; à gauche de la fenêtre, au fond, un placard; au-dessus du placard, un œil-de-bœuf; portes latérales, une psyché et un piano à gauche; à droite, une cheminée, une chaise longue, un guéridon, lampe allumée, etc.; fauteuils, chaises, au fond, à gauche de la fenêtre, coffre à bois; à droite, petit meuble avec coffret dessus.

SCÈNE PREMIÈRE

FINETTE, PISTACHE.

(On sonne.)

FINETTE, dans le fauteuil, s'éveillant.

Ah! voici madame qui rentre. (Elle va ouvrir et disparaît un instant par la porte du fond à droite; rentrant suivie de Pistache.) Ah! mon Dieu, monsieur Pistache, vous, ici!

PISTACHE (Il tient de la main gauche un bouquet caché derrière lui, et sa clarinette de la main droite).

Eh bien! où est le mal? Est-ce qu'il n'est pas permis de venir voir sa bien-aimée?

FINETTE.

A cette heure-ci!... mais madame va rentrer; vous savez bien que mademoiselle Bagatelle me défend toute espèce d'amoureux!

PISTACHE.

C'est donc qu'elle veut les garder pour soi seule?

FINETTE.

Mauvaise langue !

PISTACHE, montrant le bouquet.

A preuve ce bouquet, que votre concierge m'a prié de vous monter en passant, (Le regardant.) Si vous croyez que c'est sa tante qui lui envoie...

FINETTE.

Et moi qui pensais que c'était une galanterie de votre part, pour votre petite Finette. (Elle met le bouquet sur le piano.)

PISTACHE.

Voudrais, ne pourrais pas! M. Fernando, le directeur du cirque, dont j'ai l'honneur de faire partie... en qualité de clarinette... M. Fernando n'est pas très-grand, quoique Espagnol ; il ne me donne que trente sous par soirée .. Et au prix où sont les vergiss mein nicht.

FINETTE, regardant le bouquet.

Il y a une carte, (Elle lit.) Georges de Planteville. Connais pas.

PISTACHE.

C'est un nouveau. Est-ce qu'ils ont l'air de venir un peu les nouveaux cette année ?

FINETTE.

Dame ! mademoiselle Bagatelle est très-courtisée; c'est une jolie femme. (Elle va mettre la carte dans une coupe sur la cheminée.)

PISTACHE.

Et puis, elle est au café-concert, au Pavillon de Momus, et les cafés-concerts, ça veut ça... Ah ! c'est une étoile. Moi qui vous parle... quand nous faisons relâche, il y a des soirs où je vais l'entendre chanter, en artiste... derrière la corde. (Avec indulgence.) C'est bien !

FINETTE.

Vous trouvez ?

PISTACHE.

Oui ! c'est peut-être un peu flou ! mais c'est bien... elle a ce qu'on appelle une nature !

FINETTE.

N'est-ce pas? Ah! si je pouvais lui dire votre opinion... parce que ces choses-là, de la part d'un artiste...

PISTACHE.

Pour artiste... ça, voyez-vous... je m'en vante... Et si la clarinette à l'Opéra n'était pas héréditaire... bien sûr que je ne m'étiolerais pas à Fernando... parce que moi, voyez-vous, je peux le proclamer à mon avantage... je ne suis pas un gommeux... je n'ai que deux passions sur terre... et elles sont honnêtes.

COUPLETS.

I

Comm' tout être poétique
Je n'ai qu' de nobles élans,
C'est l'amour et la musique
Qui se partagent mes sens.
On app'lait ça dans l'Olympe
Euterpe et puis Cupidon.
Moi, mon langage est plus *simpe*,
Et j' vous dirai sans façon,
    O Finette!
Que c'est vous et ma clarinette.

II

Souvent, en f'sant d' la musique,
Je cherch' sur mon instrument
Une not' très-harmonique,
Mais qu' j'atteins difficil'ment.
C'est l' fa aigu qu' ça s'appelle.
Quand je m' suis bien débattu,
J'pense à vous, et j'dis, mam'selle:
Son cœur, c'est mon fa aigu!
    O Finette!
C'est l' fa aigu d' ma clarinette!

FINETTE.

Monsieur Pistache, quelle galanterie!

PISTACHE.

Ah! ce coquin de fa aigu... j'en rêve... c'est au point que ça m'en a rendu somnambule... Oui, et deux fois de suite, je me suis surpris, me promenant tout endormi dans ma chambre, avec ma clarinette, et piochant le fa.

FINETTE.

Il faut soigner ça, monsieur Pistache!

PISTACHE.

Et ce qu'il y a de plus curieux, figurez-vous, c'est que quand je suis dans ces états-là... dans le sommeil.. je le trouve, mon fa... tandis qu'autrement... vous allez voir. (Il va pour souffler dans sa clarinette.)

FINETTE, l'arrêtant.

Vous n'y pensez pas... Et madame qui va rentrer.

PISTACHE.

C'est juste... alors, parlons peu... et parlons bien. Je viens vous faire une proposition sadarnapalienne.

FINETTE.

A moi?...

PISTACHE.

Voilà!... Il y a bal de nuit ce soir à la Reine-Blanche... où vous savez que je fais ordinairement ma partie... dans l'orchestre... après Fernando.

FINETTE.

Oui!

PISTACHE.

Eh bien! j'ai obtenu du chef de me faire remplacer ce soir, et je viens vous proposer de vous y mener, à ce bal... Après avoir fait danser les autres, je voudrais bien danser un brin à mon tour!

FINETTE.

Cette nuit?...

PISTACHE.

Pourquoi pas?

FINETTE.

Dame... c'est que...

PISTACHE.

Voyons, pas d'histoires !... vous le pouvez. Votre bourgeoise va revenir du pavillon de Momus...

FINETTE, regardant la pendule.

Dans un instant !...

PISTACHE

Dix minutes pour la déshabiller...

FINETTE.

Oui !

PISTACHE.

Un petit quart d'heure pour venir m'attendre devant chez moi... où il faut que je fasse un brin de toilette.

FINETTE.

C'est que... laisser madame seule...

PISTACHE.

Ah bah !... c'est dit ! hein ? (Bruit de voiture.)

FINETTE.

Ah ! une voiture !... c'est elle !... Partez vite... par l'escalier de service... vous connaissez le chemin ?

PISTACHE.

Non !... c'est la première fois...

FINETTE.

Vous suivrez le corridor... Vous tournerez à gauche, ensuite à droite... puis tout droit... il y a un bec de gaz devant la porte de la cuisine.

PISTACHE.

A tout à l'heure.

FINETTE.

Mais filez donc.

PISTACHE.

Oh oui! Finette et ma clarinette... Rien qu'elles deux! (Il sort par la petite porte de gauche.)

SCÈNE II

BAGATELLE, FINETTE.

FINETTE.

Il était temps! (Elle sort par la porte du fond à droite, et rentre aussitôt derrière Bagatelle.)

BAGATELLE, les bras embarrassés de bouquets.

Finette! vite... débarrasse-moi!

FINETTE la débarrassant.

Ah! mon Dieu, madame, que de bouquets!... c'est le marché de la Madeleine.

BAGATELLE.

N'est-ce pas? Eh bien, ma fille, tout cela c'est la récolte d'une femme... qui vient d'être sifflée.

FINETTE.

Sifflée!

BAGATELLE.

Oui... sifflée... moi, Bagatelle... leur idole, et je ne suis pas encore bien sûre qu'on ne m'ait pas jeté des pommes. (Elle s'assied. Finette lui retire sa sortie de bal.)

FINETTE.

Ah mon Dieu! qu'est-ce que madame me conte là!

BAGATELLE.

C'est une drôle d'histoire, va! Figure-toi que j'en étais à ma seconde chanson. Déjà, à ma première, j'avais remarqué là... (Montrant l'orchestre.) quatre jeunes gens qui me regardaient... en me faisant la grimace.

FINETTE.

Oh! les vilains!...

BAGATELLE.

Je me disais... Ce sont des messieurs qui ont bien dîné... ça nous arrive quelquefois aux Champs-Elysées... Seulement je me demande toujours où ils peuvent si bien dîner que cela, dans le quartier... J'entre en scène, et je commence à chanter (Elle se lève et salue.) *Mam'zelle Charlotte*... tu sais ?...

FINETTE.

Oui, madame. (Fredonnant.)

Charlotte est bonne,
Charlotte est douce.

BAGATELLE.

C'est cela... mes regards rencontrent les quatre jeunes gens... et je les vois qui, cette fois, non contents de me faire la grimace, se mettent à remuer des petits bancs, à tousser... à se moucher... C'est comme ça que ces petites fêtes-là commencent... je connais le programme... Voilà l'émotion qui me galope, mais je veux lutter, et, de mon plus doux sourire, en me tournant vers mes ennemis, je dis: « Deuxième couplet...— Ah! fait l'un! —Charmant, fait l'autre! » Ça y était, ma fille... j'entame mon couplet, avec une sueur froide, mais décidée à ne pas reculer d'un pas!

Charlotte est belle,
Charlotte est blonde....

« Charlotte m'embête, » crie un des jeunes gens! Ah! cette fois, c'est un rire général dans la salle... on applaudit. Mon jeune homme se lève et salue comme un notaire! on se pâme! une dame, — une amie à moi, bien certainement, — lui jette un bouquet, il le ramasse et le met sur son cœur. Les rires redoublent. Et moi, pendant ce temps, j'étais toujours sur la scène, le gosier sec et le front moite, continuant à balbutier:

Charlotte est pure,
Charlotte est sage.

Mais la lutte n'était plus possible... Pendant que je chantais, on criait bis!... la salle trépignait... celui-ci faisait le coq! cet autre le chien! c'était la tempête dans toute son horreur! « Sortez de scène, me criait le chef d'orches-

tre. (Se penchant comme si elle parlait au chef d'orchestre.) — Hein?
— Sortez de scène! — Que je sorte de?... Non, Charles,
je ne sortirai pas, je ne veux pas en avoir le démenti. »
Et je chantais toujours... mais les dents serrées, les
yeux déjà troubles, à moitié évanouie... quand, au milieu du vacarme, je crois percevoir tout à coup le doux
bruit de ces bravos que je pensais ne plus jamais entendre... timides d'abord... puis plus résolus... Je les
compte... deux, quatre, six, huit... j'ouvre un peu les
yeux... c'était bien des claques...

FINETTE.

Des claques!

BAGATELLE.

Oui, des claques, mais des claques qu'un monsieur
distribuait à chacun des quatre jeunes gens... huit gif-
fles sur huit joues... On se collète... la police intervient
et emmène tout le groupe au poste, sans que j'aie eu le
temps de distinguer les traits de mon défenseur. Mais
sa conduite avait électrisé la salle... qui se met alors à
l'applaudir à son tour... — ça n'est pas entêté, les salles —
et à m'applaudir aussi du même coup... Et « Bagatelle! »
et « vive Bagatelle! » et « à bas la cabale! » Bref, on m'o-
blige à recommencer toute ma chanson, et, au dernier
couplet, j'étais à la fois enterrée et ressuscitée sous les
fleurs.

FINETTE.

Et ne pas savoir à qui vous devez cela!

BAGATELLE.

Oh! je saurai son nom demain. Voilà, mam'selle Finette... et si, avec tout cela, tu crois que je n'ai pas sommeil...

FINETTE.

Je me le demande! aussi madame va aller se mettre
au lit tout de suite. (Regardant la pendule, à part.) Minuit!

BAGATELLE.

Eh bien non, pas encore!

FINETTE.

Ah!

BAGATELLE.

J'ai peur de ne pas pouvoir dormir! Sifflée! car il n'y a pas à dire, j'ai été sifflée.

FINETTE.

Alors, je prierai madame, si elle n'a plus besoin de moi, de me permettre d'aller chez le pharmacien... chercher de l'arnica... pour moi... je me suis cognée...

BAGATELLE.

Bah! où donc?

FINETTE.

De l'autre côté, madame; ce ne sera rien.

BAGATELLE.

Bien! va...

FINETTE.

Je serai peut-être un peu longtemps... à cette heure-ci, les pharmaciens sont presque tous couchés!

BAGATELLE.

C'est bien! ne te préoccupe pas de moi... je me déshabillerai seule.

FINETTE.

Bien, madame. (A part.) Pourvu que M. Pistache m'ait attendu. (Haut.) Bonsoir, madame. (Elle sort par la porte à droite.)

SCÈNE III

BAGATELLE, puis PISTACHE, puis GEORGES.

BAGATELLE, seule.

Hum! ces émotions-là, c'est terrible... Mais qui donc a pris ainsi ma défense?
(Chantant.)
Je voudrais bien savoir quel était ce jeune homme,
Si c'est un grand seigneur et comment il se nomme.
Qu'est-ce que c'est? Oh! Bagatelle, des rêveries!.. Marguerite, alors! (Elle prend la lampe.) allons nous coucher. (Elle sort à droite. — Obscurité.)

PISTACHE, entrant à tâtons par la porte où il est sorti.

J'ai pas pu trouver le bec de gaz... en voilà une histoire! il y a deux heures que je roule à tâtons dans l'appartement! Quel drôle de domicile... des armoires, des placards, et des cabinets, on se croirait chez un dentiste! Chien de bec de gaz! Voyons, pas de bêtises. Je ne peux pas moisir ici! où est-ce que nous sommes? orientons-nous. (Il se heurte.) Un fauteuil.... une table..... un canapé... ce n'est pas des meubles de cuisine. Tant pis, il faut que je me décide à appeler. (Appelant à voix basse.) Finette! mademoiselle Finette!... c'est moi, Pistache, je me suis égaré, j'ai pas trouvé le bec de gaz. Finette! (A ce moment il se trouve près de la porte par laquelle est sortie Bagatelle, qui rentre avec sa lampe. — Joar.) Oh! la bourgeoise! (Il se cache derrière la porte qui s'ouvre sur le théâtre.)

BAGATELLE, en peignoir.

Eh bien, non, je ne pourrais pas dormir, je suis trop énervée. Travaillons, ça me calmera. (Elle s'assied à son piano et prend un manuscrit.)

PISTACHE.

Ah mais non! c'est que Finette m'attend. Oh! par là! (Il disparaît par la 2ᵉ porte à droite.)

BAGATELLE, lisant le manuscrit.

C'est spirituel, ces auteurs, ça trouve des idées bien originales... quand ils font parler des paysans ils font rimer : village avec Eustache... c'est drôle! Ah! si on ne semait pas sur tout cela quelques petites manières... Voyons, nous disons donc que je représente une paysanne timide, qui n'ose pas faire une déclaration à son amant... Voilà l'ennui... c'est d'apprendre cela toute seule, sans avoir quelqu'un sur qui essayer l'effet. (Elle s'apprête à chanter, et s'arrête pour écouter). Il me semble qu'on a gratté à ma fenêtre! c'est le vent sans doute. (Elle fredonne et s'arrête.) Ah, mais cette fois... on a gratté réellement. Ah mon Dieu! si c'était... Voilà la peur qui me prend... Qui est là? (La fenêtre s'est ouverte, et Georges a paru. Elle jette un cri.) Ah!

GEORGES, se précipitant dans la pièce.

Rassurez-vous, madame, je ne suis pas un voleur.

BAGATELLE, qui a pris les pincettes à la cheminée.

Qui êtes-vous?

GEORGES.

Puisque je ne suis pas un voleur et que j'arrive par ce chemin-là, je ne puis être qu'un...

BAGATELLE.

Qu'un... quoi? parlez!

GEORGES.

Qu'un amoureux!

BAGATELLE.

Un amoureux. (A part.) j'aime mieux ça. (Elle pose les pincettes sur la table et va à Georges. — Haut). Eh bien, monsieur, c'est bien, allez-vous-en maintenant... par la porte...

GEORGES, à part.

M'en aller! moi qui, en venant par la fenêtre, comptais frapper son imagination !

BAGATELLE.

Eh bien ?

GEORGES.

Ah! madame, si vous saviez! Je vous aime tant!!

BAGATELLE.

Vous me direz cela une autre fois, quand il fera jour, et en entrant chez moi autrement que par la fenêtre.

GEORGES.

Oh ! ça ne fait rien, madame, j'ai eu un prix de gymnastique.

BAGATELLE.

C'est possible... mais, depuis Louis XV, ça ne se fait plus; allons partez vite, ou j'appelle.

GEORGES.

Ah! madame ! soyez bonne; depuis deux mois, je ne pense qu'à vous... je ne vis que par vous... vous êtes mon unique... (Ses yeux se rencontrent avec ceux de Bagatelle ; il s'arrête timidement.) Oui, madame !

BAGATELLLE.

Vous avez fini?

GEORGES.

Oui, madame!

BAGATELLE.

Eh bien, maintenant, sortez... mais faites bien attention à ne pas réveiller toute la maison, et ne dites pas mon nom trop haut à mon concierge. (Elle prend la lumière et va ouvrir la porte.)

GEORGES, à part.

M'en aller comme ça, sans... Elle n'a donc pas d'imagination! (Se donnant des coups de poing.) Capon, va! (Haut.) Madame, laissez-moi seulement vous dire que je suis bien malheureux, allez! vous ne vous figurez pas... vous ne pouvez pas vous figurer à quel point... (Leurs yeux se rencontrent. Même jeu.) Oui, madame!

BAGATELLE, près de la porte du fond.

Quand vous voudrez, monsieur!

GEORGES.

Mais enfin, madame, pourquoi me chassez-vous sans savoir seulement ce que je viens vous demander.

BAGATELLE pose la lampe sur le coffre à bois qui se trouve entre la fenêtre et la porte du fond.

Et que venez-vous me demander?

GEORGES.

Votre amitié!

BAGATELLE, riant.

Ah! ah ah! mon amitié, par la fenêtre, à cette heure-ci! Tenez, mon petit jeune homme, vous avez l'air naïf et intéressant; je vais vous donner un conseil: ne demandez jamais aux femmes à être leur ami.

GEORGES.

Pourquoi ça?

BAGATELLE.

Parce que c'est un vieux moyen, et qu'elles le connaissent. Ecoutez, voulez-vous que je vous dise commen ça se passe en amitié, dans la bonne et franche amitié ?

GEORGES.

Oui, madame !

BAGATELLE.

I

L'homme est jeune, la femme est belle.
Mais on s'est juré, de moitié,
De n'avoir que ce qui s'appelle
Une bonne et franche amitié.

II

Si quelque fâcheuse disgrâce
La frappe... vite, par pitié,
Entre ses deux bras il l'enlace...
C'est de bonne et franche amitié.

III

De même au bonheur qui l'enivre
Il est d'avance associé.
Comme à deux il fait bon de vivre
Dans la bonne et franche amitié !

IV

Enfin si, dans un jour d'ivresse,
On a le cœur extasié,
A qui voulez-vous qu'on s'adresse ?
A la bonne et franche amitié.

V

Les yeux se troublent, la main tremble...
On va, l'un sur l'autre appuyé,
Escalader le ciel ensemble...
Oh ! la bonne et franche amitié !

GEORGES.

Madame, je vous jure que je ne l'entendais pas comme cela ! et si vous vouliez seulement me laisser cinq minutes...

BAGATELLE.

Non, il est tard ! Allons, monsieur, je vous éclaire.

GEORGES.

C'est inutile, je trouverai tout seul.

BAGATELLE.

Non, pardon, je tiens à...

GEORGES.

Je vous en supplie ; chassé par vous... ça me ferait trop de peine. (A part.) Et moi qui comptais frapper son imagination !

BAGATELLE.

Soit, allez... et pas trop de bruit, à cause du concierge.

GEORGES.

Non, madame. (Tristement.) Bonsoir, madame !

BAGATELLE.

Bonsoir, monsieur ! (Georges sort.)

SCÈNE IV.

BAGATELLE, seule, pose la lampe sur le piano.

Voyez-vous ça ? ces petits jeunes gens ! ils grimpent chez vous par le balcon... les romans du jour, les mauvaises lectures, et les cafés-concerts... Et puis, ça vous apporte son amour sur un plat, comme si on attendait après... Il n'y a plus d'enfants, ma parole d'honneur. (On entend la porte se fermer.) Le voilà dehors ! voyons un peu la mine qu'il fait en s'en allant. (Elle va sur le balcon et regarde dehors.)

SCÈNE V.

BAGATELLE, PISTACHE, puis GEORGES.

PISTACHE, sortant de la chambre de Bagatelle, à droite.

Enfin, voilà une issue ! nom d'un bémol, me revoilà au même point. Mais qu'est ce que c'est que cet appartement-là ? Eh bien, elle doit pouvoir en recevoir plusieurs à la fois. Ah ! elle est sur son balcon. (Reconnaissant la porte par où il est sorti dans la première scène.) Ah ! la porte au bec de gaz ! (Il traverse le théâtre et disparaît à gauche.)

BAGATELLE, sur le balcon.

Qu'est-ce qu'il fait donc ?

GEORGES, rentrant par où il est sorti, ses deux souliers à la main.

Eh bien, non, non, je ne m'en irai pas. Il n'y a plus d'adolescent... il n'y a plus qu'un monstre. Ah ! tu as peur de lui parler !... et tu ne comprends pas que c'est pour cela qu'elle t'a flanqué à la porte ! (Il s'assied dans un fauteuil à droite et remet ses souliers. Que crains-tu ? qu'elle te mange, imbécile ? Attends, il faudra bien que tu lui parles à présent. (Il ferme toutes les portes, prend les clefs qu'il met dans son gilet, et revient s'asseoir.) Non, on n'est pas timide comme ça avec les femmes...

BAGATELLE, quittant le balcon.

Je ne le vois pas, où diable sera-t-il passé ? (L'apercevant.) Lui ! Que faites-vous encore là, monsieur ?

GEORGES, nonchalamment.

Je nous ai enfermés !

BAGATELLE.

Enfermés ! Ah ! par exemple ! (Elle court aux portes.)

PISTACHE ouvre la sienne pendant que Bagatelle examine les autres.

Ce n'était pas le bec de gaz ! Ah ! (Apercevant Georges.) Bon ! un homme à présent. Cré coquin ! (Il disparaît.)

BAGATELLE.

Mais c'est que c'est vrai... le petit drôle a pris toutes les clefs. Mes clefs, monsieur, rendez-moi mes clefs.

DUO DE LA PINCETTE.

ENSEMBLE.

BAGATELLE.	GEORGES.
Ah ! son sang-froid m'irrite.	Ça, n'allons pas si vite.
Mes clefs, ça, rendez-les,	Calmez vos sens troublés,
Rendez-les tout de suite,	Je garde, ma petite,
Mes clefs, mes clefs !	Vos clefs, vos clefs !

BAGATELLE.
Dites-moi, petit drôle,
Où vous avez pu les cacher ?

GEORGES.
Cherchez, ma foi chacun son rôle,
Pour trouver il faut chercher.

BAGATELLE.
Où sont ces clefs, monsieur, je le répète ?

GEORGES.
Connaissez-vous le jeu de la pincette ?

BAGATELLE.
Le jeu de la pincette !

GEORGES.
Oui, de la pincette.
Eh ! mon Dieu !
C'est très-simple, à la fois, et très-joli ce jeu.

BAGATELLE.
Eh ! mon Dieu !

GEORGES.
Eh ! mon Dieu !

BAGATELLE.
C'est très-simple à la fois, et très-joli ce jeu.

GEORGES. Il prend la pincette sur la table.
Au fond d'une cachette
On va mettre un objet,
Et quand la chose est faite
On crie : Ah fait ! ah fait !
Celui qui l'est s'apprête
A rôder, à chercher,
C'est avec la pincette
Qu'on doit le diriger,
Et pendant qu'il circule,
S'il va du bon côté,
On dit : Ça brûle, brûle !
Et l'on frappe *forte*.

BAGATELLE.
On dit : Ça brûle, brûle !

GEORGES.
On dit : Ça brûle, brûle !
Et l'on frappe *forte*.

BAGATELLE.
Forte.

GEORGES.
Forte.
Mais s'il quitte la place,
S'il va trop bas, trop haut,
On dit : Ça glace, glace !
Et l'on frappe *piano*.

BAGATELLE.
On dit : Ça glace, glace !

GEORGES.
On dit : Ça glace, glace !

BAGATELLE.
Et l'on frappe *piano*.

BAGATELLE

ENSEMBLE.

Piano, piano,
Forte, forte, fortissimo.
Piano, piano, pianissimo.

BAGATELLE.

Le petit misérable ! où peut-il les cacher ?
(Georges va prendre la clef de la pendule pour frapper la pincette.)

GEORGES.

Pour trouver, il faut chercher.

BAGATELLE, allant à son bonheur du jour.

Voyons dans ce tiroir.

GEORGES, préparant sa pincette.

Piano, piano.

BAGATELLE.

Rien... ah ! ça m'agace !

GEORGES frappe doucement.

Ça glace, glace, glace.

BAGATELLE, cherchant dans le coffret sur le bonheur-du-jour.

Dans ce coffret, sous le miroir...

GEORGES frappe doucement.

Piano, pianissimo.

BAGATELLE.

Rien ! derrière la glace...

GEORGES.

Ça glace, glace, glace.

BAGATELLE.

Sur ce fauteuil, je crois...

GEORGES.

Crescendo, crescendo.

BAGATELLE.

C'est vraiment ridicule!

GEORGES.

Forte, fortissimo.

BAGATELLE.

Ah! là, dans ce coffre à bois...
(Elle l'ouvre, et en sort des rideaux de damas, qu'elle jette par terre ainsi que d'autres objets.)

GEORGES.

Ça brûle, brûle, brûle.

BAGATELLE.

Rien! rien sur cette cheminée.

GEORGES.

Piano, piano, vous êtes éloignée.

BAGATELLE.

Mon Dieu, j'enrage.

GEORGES.

Bravo
Bravo, bravo, bravissimo,
Forte, forte, fortissimo,
Crescendo, forte, fortissimo.
Ça brûle...

BAGATELLE.

Mes clefs!

GEORGES.

Ça brûle! Fortissimo!
(Il jette la pincette.)
Sur mon cœur, venez les prendre.
C'est là, venez les chercher!

BAGATELLE.
C'est à vous de me les rendre,
Je n'irai pas les chercher!

REPRISE DE L'ENSEMBLE.
Ah! son sang-froid m'irrite.
Etc., etc.

PISTACHE, rouvrant la porte.
Ah çà! qu'est-ce qu'ils font? voilà qu'ils jouent à cache-tampon, à présent. (Il se cache derrière le piano.)

GEORGES.
Vous renoncez, madame? vous donnez votre langue aux... Eh bien, personne ne les aura! (Il va au balcon, et jette les clefs par la fenêtre.)

BAGATELLE.
Ah! par la fenêtre!

PISTACHE, à part.
Cré coquin! il ne manquait plus que ça... (Apercevant la porte du placard, au fond à gauche.) Une porte! il en a laissé une...

BAGATELLE, très-résolue.
Monsieur, ceci dépasse les bornes, et ce que vous venez de faire là...

GEORGES s'assied sur le fauteuil à droite.
Est abominable! Je le sais, mais je crois qu'avec vous, il faut être abominable.

BAGATELLE.
Que dites-vous?

GEORGES.
Cela vous apprendra à me traiter comme un tout petit jeune homme. Car il ne faut pas vous figurer que je suis un tout petit jeune homme; vous comprenez que

je ne suis pas arrivé à mon âge sans connaître la vie...
J'ai une maîtresse, moi, madame!

BAGATELLE.

Oui! Eh bien! raison de plus pour me laisser tranquille!

GEORGES, très-monté.

J'ai déjà eu des aventures, moi, madame, j'en ai encore eu une l'autre semaine et une drôle... Si vous voulez, tenez, je vais vous la raconter. (Bagatelle fait un geste de refus et va s'asseoir sur le tabouret du piano.) Puisque ça paraît vous intéresser, je vais vous la raconter. (Bagatelle lui tourne le dos, et Georges tourne autour du piano.) Il faut vous dire que, dans ce moment-ci, nous sommes à la campagne... à Neuilly... avec maman, (Se reprenant.) avec ma mère... mais ma mère sait ce que c'est qu'un jeune homme. Alors, quelquefois quand... une dame me fait demander par Louis... Louis, c'est le jardinier, je dis : « Je ne dînerai pas ce soir. » Maman, (Même jeu.) ma mère comprend, et je vais à Madrid dîner avec la personne. — Eh bien! écoutez ma dernière aventure... et vous verrez que je suis un bonhomme qui ne se fait pas d'illusions... Je connais les femmes... Eh! mon Dieu, madame, je ne leur demande pas plus qu'elles ne peuvent donner.

RONDEAU.

A la campagne, avant-hier soir,
J'attendais ma folle maîtresse.
Elle m'avait fait la promesse
D'y venir sans faute me voir.
Au bout d'une heure, las d'attendre,
En homme impatient, je pris
Le seul parti que j'eusse à prendre :
C'était la route de Paris.
Je m'embarque naïvement,
Et vers-z-onze heures-z-et demie
A la porte de mon amie
Cours sonner amoureusement.
Au premier bruit de la sonnette,
Pas de réponse tout d'abord.
Je m'impatiente et m'apprête
A réitérer mon accord.
La porte s'entr'ouvre, une voix

D'un ton d'émotion s'écrie :
« — Qui va là ? — Qui donc, je vous prie
Attendez-vous autre que moi ? »
On me reconnait, Sur ma bouche
Un doigt vient se poser soudain,
Et madame Sainte-Nitouche
Me reconduit de l'autre main.
Je comprends le geste et me dis :
« Il paraît que la place est prise. »
Fort déconfit de ma surprise,
Je descends de mon paradis.
Des personnes malavisées
Auraient crié, hurlé, gémi !...
Moi, j'ai prix aux Champs-Elysées
L'omnibus qui rentre à Neuilly.

(Parlé.) L'omnibus de Suresnes. Il marche jusqu'à une heure du matin.

Là, tranquillement à l'abri,
L'esprit rafraîchi par la pluie
Qu'en route j'avais recueillie,
Je me mis à rêver ainsi :
« Qui me dira le mot, en somme,
« De l'aventure d'aujourd'hui ?
« Est-ce moi qui trompais cet homme ?
« Ou bien suis-je trompé par lui ?...
« Si c'est moi qui suis le déçu,
« Je m'en consolerai peut-être,
« En disant, comme le grand maître :
« Georges Dandin, tu l'as voulu ! »

Voilà ! je n'en demande pas plus que ça aux femmes.

BAGATELLE.

Eh bien ! vous n'êtes pas trop exigeant, ça a même l'air de vous faire plaisir.

GEORGES.

Mais certainement... Comment, un monsieur et une dame se sont cachés de moi, et ont eu peur que je ne les surprisse ! Mais, à dix-huit ans !.. ça flatte !.. D'abord, voyez-vous, madame, on n'est réellement un homme qu'à partir du jour où on est... trompé. C'est de là que date la vraie majorité. (D'un ton très-dégagé.) Pour en revenir à nos amours...

BAGATELLE, l'arrêtant.

Oh ! mon petit ami, vous savez, les bonnes plaisanteries sont toujours les plus courtes. (Elle va pour sonner.) Il faut pourtant que cela finisse.

GEORGES, l'arrêtant.

Ne vous donnez donc pas la peine...

BAGATELLE.

Comment ?

GEORGES soane et casse le cordon de la sonnette qui se trouve à droite de la glace sur la cheminée.

Vous voyez, madame, je fais ce que je peux.

BAGATELLE.

Oh ! cette Finette, je la tuerais...

GEORGES.

Pourquoi faire ? ça ne la changerait pas, allez !

BAGATELLE.

Ah ! prenez garde, petit gouailleur...

GEORGES.

Prendre garde à quoi ? Il faut savoir parler aux femmes de théâtre... Voyons, nous ne sommes pas des enfants ! Ecoutez, ma toute belle, je m'appelle Georges de Planteville... J'ai dix-huit ans et je suis riche !.. Qu'est-ce que vous en dites, hein ?

BAGATELLE, vivement et prenant une cravache.

Oh !.. Eh bien ! mon petit Planteville, vous allez voir comment répondent de temps en temps les femmes de théâtre. (Elle le menace de sa cravache.)

GEORGES effrayé, à part.

Aïe ! Est-ce que j'aurais été un peu loin ?

BAGATELLE, ouvrant la fenêtre.

Allez-vous-en immédiatement me chercher mes clefs,

par où vous êtes venu, et par où elles sont parties... et plus vite que ça !

GEORGES, reculant.

Par... la fenêtre ?...

BAGATELLE.

Sans doute, par la fenêtre... puisque vous avez eu un prix de gymnastique ; allons, monsieur, descendez ! (Elle le menace.)

GEORGES.

Madame, permettez, je puis me casser quelque chose !

BAGATELLE.

Vous ne vous êtes rien cassé en montant, pourquoi vous casseriez-vous quelque chose en descendant ?

GEORGES.

Mais ce n'est pas du tout le même travail ; en montant j'avais une échelle... et je l'ai... (Il indique qu'il l'a repoussée du pied. — Avec aplomb.) Fournissez l'échelle et je descends.

BAGATELLE apercevant à terre les rideaux.

A l'instant, et aidez-moi...

GEORGES.

Comment ?

BAGATELLE, ramassant les rideaux.

Allons, allons, faites des nœuds. Ah ! vous êtes riche, eh bien, vous devez savoir faire des nœuds.. on n'est pas arrivé à votre âge sans savoir...

GEORGES, l'aidant machinalement.

Laissez-moi vous expliquer...

BAGATELLE.

Serrez !

GEORGES.

Oui, madame, je serre...

BAGATELLE.

Pour un petit étage... ça sera suffisant

GEORGES entraînant Bagatelle à gauche.

D'abord, je ne suis pas si riche que cela. Et puis, je suis mineur; ainsi...

BAGATELLE.

Eh bien ! vous voyez ! vous feriez des dettes pour moi, on vous donnerait un conseil judiciaire. Ce n'est qu'un conseil judiciaire que vous me sacrifiez... (Elle le remène au milieu.) Serrez! Si c'est trop court, vous sauterez le reste.... un prix de gymnastique! allons.... (Elle e ramène au balcon.)

GEORGES.

Madame, je retire ce que j'ai dit.

BAGATELLE.

Oh ! mon petit ami ! trop tard et regrets superflus, comme nous disons dans les romances... Ah! vous êtes riche !... Descendez donc.

GEORGES, enjambant le balcon.

Vous le voulez ?

BAGATELLE.

En doutez-vous, ô mon cœur!

GEORGES, au dehors.

Madame !

BAGATELLE.

Monsieur !

GEORGES.

Des sergents de ville ! Ils vont me voir... ils m'ont vu!

BAGATELLE.

Diable! c'est que c'est vrai. (Elle se cache dans l'encoignure.)

VOIX au dehors.

Hé ! là haut! qu'est-ce que vous faites donc là?... Je vous arrête!

BAGATELLE.

Ah ! mon Dieu ! quel scandale ! (A Georges.) Remontez,

2.

monsieur ! (Georges remonte, elle revient en balbus.) Messieurs, ce n'est pas un voleur !

GEORGES.

Non, messieurs, je ne suis pas un voleur !

BAGATELLE.

C'était une gageure... monsieur venait de chez... de chez moi... sa cousine.

LA VOIX, de la rue.

Alors, c'est bien ! mais vous pourriez le faire descendre par la porte, votre cousin... Ne recommencez plus, ou j'arrête !... crrrrr...

BAGATELLE.

Non, messieurs ; merci, messieurs. Ah ! mon Dieu ! le concierge, mon directeur... les voisins ! (Elle tombe évanouie sur un fauteuil, près du piano.)

GEORGES, fermant la fenêtre.

Ah ! mon Dieu ! Elle se trouve mal !... Un flacon, des sels... (Il cherche partout.)

PISTACHE, paraissant à l'œil-de-bœuf qui se trouve en haut de la porte du placard, juste au-dessus du fauteuil où Bagatelle est évanouie.

C'était un placard... je suis dans la soupente. (Regardant dans la chambre.) Comment ! il est revenu !... j'ai bien fait de ne pas m'en mêler.

GEORGES.

Rien ! je ne trouve rien !

BAGATELLE.

J'étouffe ! Ah ! je meurs !

GEORGES.

Elle va mourir !... Si on allait m'accuser de sa mort !... ça s'est vu...

PISTACHE, à part.

Tiens ! qu'est-ce qu'elle a donc ? Elle se trouve mal... Dégrafe-la, animal, il n'y a que ça !...

GEORGES.

Tant pis, puisqu'elle va mourir... (Il lui retire en tremblant son fichu.)

PISTACHE, à part.

Encore!... petit crétin!

GEORGES.

Ma foi, ça aussi... puisqu'elle va mourir. (Il entr'ouvre le peignoir.)

PISTACHE, à part.

Ça y est! (Plongeant.) Tiens! jolie vue. (Chantant.)
Vallons de l'Helvétie...

GEORGES, prenant les mains de Bagatelle.

Madame! Bagatelle! au nom du ciel! revenez à vous!

PISTACHE, à part.

Ne la presse donc pas, puisque je suis aux premières loges!... Bis!...

GEORGES.

Ah! elle rouvre les yeux. (Il lui remet vivement son fichu sur le cou.) Ah!

PISTACHE, à part.

Comment! c'est lui qui baisse le rideau! Ah! tiens! tu me fais pitié! (Il disparaît.)

BAGATELLE, revenue à elle.

Eh bien! monsieur! croyez-vous que vous m'en avez donné de la joie, cette nuit?

GEORGES.

Pardon, madame, pardon!

BAGATELLE, debout.

Oh! pardon, merci! il s'agit de s'organiser maintenant, pour rester ensemble jusqu'au jour,— puisque j'y suis condamnée par les sergents de ville...

GEORGES, à part.

Braves sergents de ville...

BAGATELLE.

Mais je me vengerai

GEORGES.

Madame !

BAGATELLE.

Il est quatre heures du matin. Me laisserez-vous enfin prendre un peu de sommeil ?

GEORGES.

C'est que... la clef de votre chambre à coucher est aussi dans la rue...

BAGATELLE.

Je le sais bien ! nous nous accommoderons comme nous le pourrons.

GEORGES.

Oui, madame, comme nous pourrons !...

BAGATELLE.

Prenez ce fauteuil, et mettez-vous là... dos à dos, comme deux bons amis.

GEORGES va chercher le fauteuil.

Oui, madame !

BAGATELLE.

Allons, monsieur, installez-vous. (Elle s'assied.)

GEORGES.

Je ne demande qu'à m'installer. (Il se met à genoux sur son fauteuil et regarde Bagatelle.)

BAGATELLE, se levant.

Voulez-vous me faire l'amitié de rentrer chez vous ?

GEORGES.

Oui, madame ! (Il va à la lampe qui est sur le piano et la baisse.) — (Demi-nuit.)

BAGATELLE.

Eh bien ! monsieur, qu'est-ce que vous faites là ?

BAGATELLE

GEORGES.

En veilleuse, madame... pour les yeux, pas pour les miens, mais pour les vôtres, ils sont si beaux! (A part.) C'est gentil, ce que je lui dis là. (Il s'assied.) Quand on pense qu'il y a des gens qui disent du mal des sergents de ville! Ce n'est pas moi qui...... Bonsoir, madame!...

BAGATELLE, se cognant la tête avec celle de Georges.

Pardon, monsieur, voudriez-vous mettre votre tête là? (Elle désigne la droite.) Oh! les voisins!...

GEORGES.

Pardon, madame, où mettrez-vous la vôtre?

BAGATELLE.

Là. (Elle fait face au public.)

GEORGES.

Tant pis... Bonsoir, madame.

BAGATELLE.

Bonsoir, monsieur.

TRIO.

ENSEMBLE.

Dormons, il faut en finir,
Puisque dans la même demeure
Le sort nous condamne à dormir.
Le sommeil trompera l'heure.

BAGATELLE.

Étrange nuit, j'en fais l'aveu.

GEORGES, doucement.

Nuit adorable, sur mon âme!
Bonsoir, madame!

BAGATELLE, rudement.

Bonsoir, mossieu!

ENSEMBLE.

Le sort nous condamne à dormir;
Le sommeil trompera l'heure.
Dormons ! rêvons !

PISTACHE, à l'œil-de-bœuf.

Ah çà mais, le p'tit nigaud
Le p'tit nigaud auprès d'elle
S'endort déjà comme un sabot...
Attends, attends, que je m'en mêle.
Que je m'en mêle !
(Il ronfle.)

BAGATELLE.

Il ronfle! ah! quel impertinent!

GEORGES.

Elle ronfle ! quel désappointement !

BAGATELLE.

Il ronfle! ce concert est charmant.

GEORGES.

Elle ronfle! quel désappointement!

ENSEMBLE, trio.

Ah! sa poitrine se gonfle.
Quel terrible ronflement !

BAGATELLE.

Pardon, monsieur, si je vous interpelle :
Dormez, dormez, moins bruyamment.

GEORGES.

Ne pourriez-vous, mademoiselle,
Dormir, dormir, un peu plus doucement ?

BAGATELLE.

Ne me raillez pas, je vous prie.

GEORGES.

Allons, cessez cette plaisanterie.

BAGATELLE.
Il ronfle, et dit que c'est moi.

ENSEMBLE.
Ah c'est trop fort, sur ma foi (*bis*).

BAGATELLE.
Bonsoir.

GEORGES.
Bonsoir maintenant.
(Pistache ronfle.)
Tenez, tenez, ça reprend.

BAGATELLE.
Il ronfle, il ronfle ! ah quel impertinent !
(Pistache ronfle.)
Tenez, tenez, voilà que ça reprend.

GEORGES.
Elle ronfle ! quel désappointement !

ENSEMBLE, trio.
Ah ! ah ! sa poitrine se gonfle. } (*bis*.)
Quel terrible gonflement !

PISTACHE parle, à la lucarne.
Ça finit par me donner envie de dormir.. bonsoir la compagnie. (Il ferme l'œil-de-bœuf.)

BAGATELLE, se levant.
Dort-il ou bien fait-il semblant, sur son fauteuil ?
J'en aurai le cœur net,
(Elle lui passe la main devant la figure.)
il a cligné de l'œil.
Ah ! le vaurien...
Nous verrons bien. (*bis*.)
A nous deux, petit fripon,
C'est le moment d'essayer ma chanson.
(Debout et s'adressant à Georges qui feint de dormir.)

I

Javotte aimait le beau Mathurin,
Mais quand il fallait qu'ell' s'explique,

Son cœur, sa voix restaient en ch'min.
Et pour lui dire : « Je t'aim', » bernique !
Mais dès qu'il lui tournait l' dos,
L'aplomb r'venait à la p'tite.
Javott' retrouvait ses mots,
Sa langue se déliait tout d'suite :
« Mon p'tit Mathurin,
Tu vois ben que j' t'aime,
Aid' moi donc un brin,
Et dis-le toi-même. »

(Elle s'approche peu à peu de Georges qui feint toujours de dormir.)

II

Quand ils allaient tous deux au pré,
Le soleil dorait moins la plaine
Que les beaux yeux d' son adoré,
Et Javotte parlait à peine.
Mais Mathurin s'endormait
Une heur' après sur un' botte,
Et dès qu' son œil se fermait :
« Oh, là là ! disait Javotte,

(Elle tombe aux genoux de Georges.)

Mon p'tit Mathurin,
Tu vois ben que j' t'aime,
Aid' moi donc un brin
Et dis-le toi-même. »

GEORGES, feignant de s'éveiller, prend Bagatelle dans ses bras.

Oh ! Bagatelle, Bagatelle,
Tout s'éclaire à mes yeux charmés,
J'ai compris votre ritournelle,
Vous voyez bien que vous m'aimez !

BAGATELLE, riant.

Ah ! ah ! ah ! vous êtes trop naïf ; vraiment,
Vous avez mal compris.   (Jour.)

GEORGES.

Comment ? comment ?

BAGATELLE.

C'est ma nouvelle chansonnette
Dont je voulais juger l'effet ;

Mais à votre façon... mazette !
Je vois clairement qu'elle en fait.

GEORGES.
Ah ! Bagatelle !

BAGATELLE va prendre sa chanson sur le piano.
Tenez, lisez !

GEORGES, lisant.
C'est vrai, cruelle !

ENSEMBLE.
Mon p'tit Mathurin,
Tu vois ben que j't'aime,
Aid'moi donc un brin
Et dis-le toi-même.

GEORGES.
Ah Bagatelle ! vous êtes sans pitié.

BAGATELLE.
C'est de bonne guerre !

GEORGES.
Soit, mais, c'est égal... mon amour vous avait faite meilleure que vous n'êtes !

BAGATELLE.
Vous dites ?

GEORGES.
Je dis que... si j'ai mérité vos railleries, vous ne méritez peut-être pas, vous, ce que...

BAGATELLE.
Ce que... que voulez-vous dire ?

GEORGES.
Rien ! rien... madame !

BAGATELLE.
Mais encore !

GEORGES.

Rien, non, madame! mais enfin... je suis petit, n'est-ce pas?.. Eh bien! on a quelquefois besoin d'un plus petit que soi!

BAGATELLE.

J'ai eu besoin de monsieur?

GEORGES.

Mais pas plus tard qu'hier soir... Si quelqu'un... quand ces quatre goujats vous sifflaient!

BAGATELLE, vivement.

Vous étiez là?

GEORGES.

Comme tous les soirs depuis un mois... comme j'y serai aujourd'hui... comme j'y serai demain.

BAGATELLE.

Ah mon Dieu! Et celui qui les a giflés, est-ce que ce serait... vous?

GEORGES, piteux.

Eh bien, oui... c'est bête comme tout de vous dire cela à présent... J'ai l'air de demander...

BAGATELLE.

C'était vous!... Êtes-vous bête de ne pas l'avoir dit tout de suite!

GEORGES.

Dame, je ne voulais rien devoir qu'à mon habileté.. C'est pas l'embarras... elle est jolie, mon habileté.

BAGATELLE.

Ah! c'est bien, cela, monsieur Georges...

GEORGES.

Vous trouvez? Oh! avec les hommes, je suis plus hardi qu'avec les femmes; mais, soyez tranquille, ils ont ma carte, je me vengerai sur eux.

BAGATELLE.

Mais je ne veux pas que vous vous battiez... Quatre duels ! c'est impossible, vous n'en échapperez pas.

GEORGES.

Eh bien ! tant mieux ! avec cela que ça vous fera de la peine... ça ne ne vous empêchera pas de dormir cette nuit. (Entre ses dents.) et même de ronfler.

BAGATELLE, souriant.

Ah ! ne recommençons pas... parlez pour vous !

GEORGES.

Permettez, il ne faut pas me la faire... quand j'étais dans mon fauteuil, j'ai parfaitement entendu....

BAGATELLE.

Et moi aussi. (On entend un couac de clarinette.) Qu'est-ce que c'est que ça? (Nouveau couac.)

GEORGES montre le placard où est Pistache.

Ça vient de là !...

BAGATELLE.

Attendez ! si c'était...

GEORGES.

Quelque voleur ? Tant mieux ! je me vengerais au moins sur quelqu'un. (Il va ouvrir le placard; Pistache en sort, en somnambule, la clarinette à la bouche.)

BAGATELLE ET GEORGES.

Ah ! un somnambule !

PISTACHE, rêvant.

Je le tiens, mon *fa* aigu, et quand je pense que quand je vas être éveillé, bernique...

GEORGES, le secouant.

Hé ! l'aveugle !

PISTACHE, s'éveillant.

Hein ? quoi ? (Voyant Georges et Bagatelle). Pristi', pincé.

GEORGES le fait descendre par l'oreille.

Dites donc, jolie clarinette, pourriez-vous dire ce que vous faisiez là-dedans?

PISTACHE.

Moi?

BAGATELLE.

Oui, je ne serais pas fâchée de savoir...

PISTACHE.

Bourgeoise, voilà la chose... En 1829...

BAGATELLE, riant.

Il est là depuis 1829!...

SCÈNE VI.

Les Mêmes, FINETTE.

FINETTE, entrant vivement avec des lettres et des journaux qu'elle dépose sur la table.

Ah! madame!...

PISTACHE.

Finette!

FINETTE voyant Pistache, à part.

Pistache! (Allant à lui.) D'où sortez-vous, imbécile?

BAGATELLE, les regardant.

C'est bien, j'ai compris! Vous allez mieux, Finette?

FINETTE.

Oui, madame, mon arnica m'a fait dormir.

BAGATELLE.

Oui... l'arnica! (Sévèrement.) Je vous chasse, mademoiselle.

FINETTE.

Ah! madame, c'est mon prétendu.

PISTACHE.

Oui, je suis son prétendu, et du reste, madame, aurait tort de nous chasser, (Mouvement de Bagatelle.) car si elle veut un témoin que, toute la nuit, monsieur et elle se sont comportés comme des anges...

BAGATELLE.

Ah!... vous étiez là ?

PISTACHE.

Oui, j'étais là... (A part à Finette.) J'ai pas trouvé le bec de gaz.

BAGATELLE, bas à Georges.

Il était là ! Hein ! ce qui pouvait arriver !... Croyez-vous que la vertu est toujours récompensée !

PISTACHE.

Je suis prêt à jurer que monsieur est la bêtise même.

GEORGES.

Dites donc, clarinette?...

BAGATELLE, riant.

Allons! à cette condition, je pardonne. Quant à vous, monsieur Georges...

GEORGES, prenant son chapeau.

Voici le jour... les portes doivent être ouvertes, je pars... Il faut que ces quatre jolis messieurs me trouvent chez moi.

BAGATELLE, qui a ouvert une des lettres apportées par Finette, éclate de rire.

GEORGES.

Quoi donc encore?

BAGATELLE, riant.

Ah! ah! ah! ah! Mon directeur a fait prendre des renseignements... vos adversaires...

GEORGES, qui a lu.

Quatre garçons coiffeurs en goguette.

BAGATELLE.

Ne croisez pas le fer!... Ils nous envoient leurs excuses...

GEORGES.

Mais,... ils ont ma carte.

BAGATELLE.

Ils iront vous coiffer... Allons, rentrez chez vous... et quand vous viendrez me voir...

GEORGES.

Eh bien?

BAGATELLE.

Entrez par la porte, comme tout le monde... Bonjour, Mathurin.

GEORGES.

Ah! Javotte!

ENSEMBLE.

Mon p'tit Mathurin,
Tu vois ben que j'taime,
Aid' moi donc un brin
Et dis-le toi-même.

FIN.

www.ingramcontent.com/pod-product-compliance
Lightning Source LLC
Chambersburg PA
CBHW070657050426
42451CB00008B/393